YOU H

The Coffee Joke Book™

Complied by
Nick "Joe Caffeine" Hetcher

Join me daily at <u>JoeCaffeine.com</u>
And, "Coffee Cousins" on Facebook

All Things Caffeinated ~ JoeCaffeine.com

DEDICATION

This book is dedicated to my beautiful and funny wife Lynn, sometimes better known to me as; Lynn Collette, Elle, sweetheart, honey, beautiful, lovey, hey you, and of course "please shut up and get me another coffee dear." She has put up with me for all these years and still trusts me to make her morning coffee. Meaning she's very brave as well. My kind of woman. I also want to thank my incredible kids (yes, they all love coffee as well); Melissa, Nicolas, Destiny, and Ginny, and their awesome coffee loving spouses (Jonathan, Matt, Amanda, Paul), my incredible grandkids (13 of them and counting, and who knows, maybe they'll all drink coffee one day as well. I could only hope), my super cool and very smart brothers Steve and Jim, and of course my loving mom. And, my hilarious comedian friend Patrick Austin for writing a few of these gems. Most thanks goes to God. Without him none of this would be possible and we'd not have coffee to enjoy.

~ Nick "Joe Caffeine" Hetcher

Copyright © 2018
Nick "Joe Caffeine" Hetcher
All Rights Reserved

ISBN:1722418486
ISBN-13: 978-1722418489

A Love Letter... from COFFEE to YOU

Hey, it's me coffee. Your best friend in the morning.

Some say God created me on the 8th day. Others think he created me on the 1st day to help him stay awake for the rest.

First of all, I want to thank you for buying this book. Joe Caffeine thanks you, too. I'm guessing all the people he *borrowed* the jokes from thank you also.

I'm sure the almost 200 hilarious coffee jokes in this book will give you some good laughs that you'll want to share with family and friends.

In fact, this book makes a great *gift* for every last one of them. I can trust you to buy them all this book, right? RIGHT? OK, we're best buddies then. You and me, like coffee and cream. BFFs.

I just want to tell you how much I love you and hope the feeling is mutual. You are a fantastic human and worthy of me each day as you rise to conquer yet another day in this crazy world.

Anyway, I hope these jokes about me make your life a little richer. And, remember... I'm here for you. It's you and me against the world, baby.

To a highly caffeinated world, ~ Coffee

FORWARD

"After I read this hilarious book... I lost 20 lbs, I'm sleeping better, my finances have skyrocketed, and I have hope in America again," said no comedy legend... YET.

WANTED: Anybody who can get a well known comedian like (Seinfeld, Martin, Carrey, Wright, Murray, Allen, Ramone, etc) to agree to either write a forward for this book, or sign-off on me writing one for them, can earn a nice reward (plus bragging rights).

REWARD: If you get a comedy legend to agree to doing this, you'll receive 25 (Joe Caffeine). autographed books.

Contact Joe Caffeine on Facebook page: "Coffee Cousins"

All Things Caffeinated ~ JoeCaffeine.com

A day
**without
coffee**
is
like

*Just
Kidding*

I have
no idea

Did you know **today** is

National Shut Up and Get Me a Coffee Day?

Remember Guys

No woman ever **shot a man** when he was getting her a cup of **coffee**

Coffee

A *magical drink* that turns, "**Leave me alone or I'll kill you**," into, "**Good morning sweetheart**"

The difference between ***your* *opinion*** and **Coffee** is **I *asked*** for the **Coffee**

Coffee

because
Crack
is bad
for you

COFFEE
helps me
maintain
my
Never
Killed
Anyone
streak

There's a *Time* and a *Place* for *Decaf*

NEVER and in the ***GARBAGE***

I
don't
exercise

it

makes

me

spill

my

Coffee

I love **sleep** because it's a **time machine** to **coffee**

On the **eighth** day **God** created **Coffee**

Water is the most **essential element** of life because **without water** you can't make *Coffee*

You
lost me
at
"I **don't**
drink
Coffee"

I love it when the ***coffee kicks in*** and I realize what an ***adorable monster*** I'm going to be today

COFFEE

The most important ***MEAL*** of the day

I'm a **Coffee-Holic** on the road to recovery

Just kidding

I'm on the road to the **coffee shop**

Today's
Good Mood

sponsored
by

COFFEE

Depresso

That **feeling** you get when you run **out** of **coffee**

COFFEE

Because ***Anger Management*** is too expensive

Morning Song

Coffee Coffee
Coffee Coffee
Coffee Coffee

Shut up and get me more **COFFEE**

RIGHT NOW

Drinking 6 cups of water a day seems ***impossible*** but 6 cups of coffee go down like a ***fat kid on a see-saw***

Sometimes I go several hours **without drinking** any **coffee**

You gotta *sleep* sometime

Coffee

because **hating your job** should be done with **enthusiasm** and **energy**

As it turns out

97% of my personality is just the **COFFEE**

Wanna hear a joke?

Decaf.

Evolution of a Professional Coffee Drinker

1) 4 parts creamer, 1 part coffee.
2) Half creamer, half coffee.
3) Black coffee.
4) Black coffee with espresso.
5) Snorting coffee grounds.
6) Coffee Injections..

A

Yawn

is

just

a

Silent

Scream

for

Coffee

I'm...

Half Human

Half Coffee

Where's the **APP** that brings me **Coffee?**

Somebody
please
text
me
a cup
of
Coffee

COFFEE
NOW

Conquer
the
universe
later

Make sure you get a solid **8 hours** of **coffee** every day

Coffee

God's gift to **mankind**

And probably **aliens** too

COFFEE is the **solution**

Now what was your **question?**

There's
too
much
blood
in my
coffee
stream

At the end of my **rainbow** is a pot of **coffee**

Instant Human

Just Add **Coffee**

Death

Before

Decaf

I
drink

coffee

for

<u>**your**</u>

protection

The **problem** with **coffee** is making it **before** you've had any

Everybody should **believe in something**

I believe I'll have another **coffee**

Soup of the Day

COFFEE

Sorry
if I
offended
you

My mouth
has
no filter
before
coffee

I could **quit** drinking coffee

but

I'm not a **quitter**

My body is just the filter

Coffee goes in and **sarcasm** comes out

Don't try to please everyone

Remember you are **<u>not</u>** **Coffee**

Coffee doesn't ask me **stupid questions**

Be more like **coffee**

Coffee-ology

- Espresso yourself

- Stay grounded

- Better latte than never

- Take life one cup at a time

- Take time to smell the coffee

Coffee

My **hot friend** I was telling you about

Don't let anybody tell you that **fairy tales** aren't real

Every day I drink a hot liquid made from **magic beans** that brings me back to life

It's not
procrastinating
if you're
drinking
coffee

It's
procaffinating

I **don't**
drink
coffee
to wake
up

I **wake
up** to
drink
coffee

How did the **hipster** burn his tongue?

He drank his **coffee** *before* it was **cool**

My **morning coffee** gives me the strength to make it to my **mid-morning coffee**

My
**blood
type**
is
coffee
and my
birthstone
is a
**coffee
bean**

I
imagine
Coffee
smells
like
**fresh
ground
Heaven**

Coffee
has
bean
the
grounds
for
strong
heated
talks

How to talk to me before my **first** cup of **coffee**

Step 1: **Don't Even Try**

You can't buy **happiness** but you can buy **coffee**

Which is basically the **same thing**

I wouldn't do much for a **Klondike** bar

But I'd do some crazy stuff for some **coffee** right now

It's not a **coffee stain** on my shirt

It's my **coffee war paint**

I eat salad
every day

BEAN SALAD
**Coffee Bean
Salad**

OK it's **coffee**

I drink
COFFEE
Every Day

Why hasn't anybody **invented** a **clock** that hands you a cup of **coffee** to wake up?

Some people need **therapy**

Others just need a cup of **coffee** or three

You're like a **cappuccino**

Hot, sweet, and you make me **nervous**

QUIET

My **coffee** and I are having a **moment**

Never cry over **spilled milk**

It **could** have been **coffee**

Since **mornings** don't come with a **reset button**

Give me another **coffee**

Does it **smell** like **coffee** in here?

Oh, that's just **me**...

Sweating

There is
no such thing
as **coffee**
that is too
strong

Only
people who
are too
weak

I like
my **coffee**
like your
soul

Bitter

Congrats

You made it out of **bed**

Let's have a **coffee** to **celebrate**

Life
begins
after
coffee

I'm <u>not</u> a
morning
person

I'm a
coffee
person

Not all who **wander** are lost

They're probably just **looking** for some **coffee**

COFFEE

Making

Monday's

Possible

Want better tasting **water?**

Simply **add Coffee**

If your **eye hurts** after you drink **coffee** maybe it's because you forgot to take the **spoon** out of the cup

My **favorite people** are those who "get me"

Especially those who get me **COFFEE**

There are **3 things** I can't do before my **COFFEE**

1) Make Lists
2)
3)

The problem with **coffee** is trying to make it **before** you have your **first cup**

Coffee

is

auto correct

for the

brain

A
morning
without

coffee

is
like
sleep

You
smell
coffee?

Me
neither

Make
me
some

There is **no crying** over spilled milk

Spilled coffee however may get you **slapped**

Coffee

Making
things
not
suck
so
bad

Today is one of those days that even my **coffee** needs a **coffee**

"You know you want me"

Love,
Coffee

My **coffee addiction** got so bad that I'm calling for an **intervention**

We meet at the **coffee shop** around 9AM

Today's To Do:

1) Get up

2) Make coffee

3) Drink coffee

4) Make more coffee

5) Be Incredible

Coffee be Screaming

"Here I am to save the day"

I tried starting my day without **coffee** once

My court date is pending

Want to be my friend?

Make me **laugh** and make me **more coffee**

NOW!

In "dog" **coffees** I have only had **one cup** this morning

I drink a
ton of WATER

Filtered
through
coffee
grounds

OK, it's
coffee

I drink a TON
of **Coffee**

I need
a **hug**

or

2 pots
of
coffee

Good Morning

I'll have your biggest **bucket** of **coffee**

What does **COFFEE** say when it's sad?

**Pour Me
Pour Me**

Can **Lipton Tea** employees take **coffee breaks?**

Today's Forecast

100% chance of **Coffee**

I think
some days
coffee
is the
reason
I still
have
friends
and a
job

Make Sure to Visit Joe Caffeine Daily at

JoeCaffeine.com

and

Facebook.com/MrJoeCaffeine

(Please Like and Share)

I'm **shy**

However

After **3 cups** of **coffee** I can **espresso** my feelings

Q) Why is a bad cup of **coffee** like a bad marriage?

A) Because it's **grounds** for divorce

I put
Red Bull
in my
Coffee
this morning instead of water

Now I'm
seeing
noises

I don't know what I'd do without **coffee**

Probably *25 to life* in **prison**

Behind most **successful people** is a substantial amount of **coffee**

You're **beautiful, really nice** and **rich**

Too bad you don't like **coffee**

Next

It's 7AM

Do you know where your **coffee** is?

How to approach me **before** I've had my **coffee**

Step #1
DON'T

Coffee doesn't ask silly questions

Coffee understands

I don't always need **coffee**

wait that's a **lie**

YES I DO

Coffee:

if
you're
not
shaking

maybe
you need
another
cup

OCD

Obsessive
COFFEE
Disorder

Given enough **coffee**

I could **rule the world**

I'm not **responsible** for anything I say **before** I've had my first **coffee**

You're about as useful as **decaf coffee**

COFFEE

You
can
sleep
when
you're
dead

I like my **coffee** how I like my **Death Stars**

Gigantic, on the **dark** side, and powerful enough to **destroy a planet**

Friends make you happy

Great friends make you **Coffee**

Coffee
should
have
its own
**national
holiday**

If you
only knew
how much
COFFEE
it takes
to be
ME

If I ever
hear you
order
a **decaf**

our
friendship
is over

Coffee
with a
good
friend
is like
capturing
awesome
in a cup

The only two **coffee** size options needed on this planet are

Large

and

Shaquille

I swear I will one day find a way to **inject** entire **coffee beans** into my body

When someone suggests **"shots"** I literally think only of **espresso**

Coffee:

It's what's for breakfast. And lunch. And dinner. And a mid-morning snack. And an afternoon delight. It's everything all the time. Yep, **I'm addicted**.

Does **inhaling** the steam from **coffee** count as a **spa day?**

When
all
else
fails

Make
Coffee

Life Lesson

You miss **100%** of the *(espresso)* **shots** you don't take

When I say I like **mixed drinks**

I mean **coffee** and **espresso**

You know you're a **coffee addict** when you tell the person behind the coffee shop counter "I'll have **everything** on the left side of the menu"

It's less of a **tattoo** and more of a **coffee stain** on my skin

but yes

it does look pretty cool

I knew I had a **problem** when I thought

Somebody should make a **coffee flask**

My friend told me I should **drink less coffee** and **eat more food**

A **coffee bean** *sandwich* isn't a thing, right?

It's not
what you
know that
matters

it's when
you get
your next
coffee

Coffee is the best drug to get you moving and one you don't have to buy in a **dark ally**

What does a **Chia Pet** and **decaf coffee** have in common?

They're both **Useless**

Coffee goes in

Awesome comes out

Woman: If you were my husband I'd **poison** your **coffee**

Man: If you were my wife I'd **drink** it

CAFFEINE BINGE

That which is necessary to function **normally**

Some days
you make
the
coffee

Other days
the
coffee
makes you

What do a **coffee pot** and a **prisoner** have in common?

Put enough heat on them and they always **"spill the beans"**

Why was the **coffee swearing** at the person drinking it?

It accidentally got made with **no filter**

Where does the **coffee bean** go skating?

On the *iced* **coffee**, of course!

Why did the hippie try to **smoke** the **coffee**?

He heard it was made from a **coffee pot**

COFFEE

made

me

do

it

Wow Man

I'm having an **"out of coffee"** experience

Not Good
Not Good

Today is a **multiple** cups of **coffee** kind of day

All I
need
today
is a
**close
friend**
and a
**bath tub
full** of
coffee

COFFEE
(noun)

Survival Juice

Love is in the air

and it smells like **coffee**

Hell hath no fury like a **woman robbed** of her early morning **coffee**

I'm going to try to drink **less coffee** and **more water**

HAHAHAHAHA I can't even say that with a straight face

Would you like your **coffee** small, large, or in your **veins**

I'm just waiting to see if my **coffee** chooses its powers for **good** or **evil** today

The only things that are **not** **dusty** in my house are the **coffee** cups

Irish Coffee has all 4 food groups

**Caffeine
Alcohol
Sugar
Fat**

Caffeine isn't a **drug**

It's a **vitamin**

Yeah it's a vitamin

I'm a
survivalist

I can
ask for
coffee
in **17**
languages

Coffee is not a matter of **life or death**

it's much **more important** than that

Coffee
is like
**liquid
duct tape**

It fixes
just about
anything

Never **trust** anyone who doesn't drink **coffee**

You're a **lunatic** without your **coffee** and you and I both **know** **it**

Bill Murray

I put **Instant Coffee** in a **Microwave** and almost went **back** in **time**

Steven Wright

COFFEE

Jet fuel for the morning impaired

No, I haven't had too much **coffee**

I enjoy **shaking** like this

I wouldn't **talk** to me before my first **coffee**

Why would **you**

Save the **earth**

it's the only **planet** that has **coffee**

I don't drink **coffee** to **wake up**

I **wake up** to drink **coffee**

Good
thing
Noah
took
those
two
coffee
beans
onto
the
ark

Coffee is not just a **beverage** it's a cup of **liquid sanity**

My **favorite sport** is

walking to the **coffee maker**

You might be a **COFFEE ADDICT** if you **type** eighty words per minute with your **feet**

You might be a **COFFEE ADDICT**

if you get **drunk** just so you can drink coffee to **sober up**

You might be a **COFFEE ADDICT** if **Starbucks** owns the **mortgage** on your **house**

You might be a **COFFEE ADDICT** if you chew on **other** people's **fingernails**

Hey... hope you enjoyed the *Coffee Joke Book*.

Please share my website **JoeCaffeine.com** with all your friends *and* foes (Yes, even Decaf drinkers and non-coffee believers). There are a lot of jokes and *other* cool coffee stuff there.

Hope you'll join me *daily* on Facebook also and Like the page, and then Like, Comment *and* Share my daily posts. (A good review on Amazon will help a lot, too. Thanks) ;-) I don't ask for much, hey?

One more thing... Make sure to buy several books and give them to family and friends as gifts. It's a great gift for every coffee drinker.

This will help me finally get that vacation to *Arabica* I've always wanted.

Love ya,
Joe Caffeine
JoeCaffeine.com
(Also, "Coffee Cousins" on Facebook)

The Coffee Joke Book

VOTED WORLD's GREATEST GIFT

(by Joe's mom)

Order this book

in paperback for

EVERY

Coffee Drinker

you know!

ORDER NOW

JoeCaffeine.com

(or on Amazon)

Made in the USA
Las Vegas, NV
10 May 2022